Francisco José Aguilar Parrilla

APULEYO EDICIONES   FOMENTO DE VALORES   CUENTOS ILUSTRADOS

Dani Paticas Chuecas

APULEYO EDICIONES   FOMENTO DE VALORES   CUENTOS ILUSTRADOS

A los Danis de este mundo

Érase una vez un patito que se llamaba Dani. Era el más pequeño de seis hermanos porque fue el último en romper y salir del cascarón. Había nacido con sus patitas torcidas hacia adentro y tenía que poner mucha atención para no tropezar cuando caminaba. Por eso, sus hermanos le llamaban cariñosamente Dani "paticas chuecas".

Cuando la familia se iba de paseo, Dani "paticas chuecas" era siempre el último en la fila de sus hermanos, detrás de mamá pata. Ella siempre lo esperaba pacientemente.

Dani se esforzaba constantemente por enderezar sus patitas, pero era en vano. Había nacido así y no lo podía cambiar.

"Nosotros te queremos igual", le decían sus hermanos. Pero Dani no encontraba consuelo en esas palabras.

Lo más pesado era subir cuestas. Se le complicaba mucho el caminar porque, además de separar las patitas, tenía que hacer el esfuerzo de levantarlas sobre el suelo inclinado. ¡Qué difícil!

Llegó un día en que los patitos ya eran grandes y mamá pata los llevó al lago para que aprendieran a nadar. Dani "paticas chuecas" estaba aterrorizado. ¿Si no podía caminar bien, cómo iba a poder nadar?

Dani estaba cansado después de la larga caminata y pensó: "¿Cómo voy a aprender a nadar ahora si estoy tan cansado?". Pero, en ese momento, mamá pata colocó a todos los patitos en la orilla del lago, uno al lado del otro, y les explicó lo que debían hacer una vez que entraran al agua.

"Verán que es muy fácil —les dijo mamá pata—. Solo tienen que mover las patitas como si estuvieran caminando". Pero Dani no hacía más que temblar de miedo.

Uno a uno, los patitos fueron entrando al agua. "Es verdad. Es muy fácil, Dani. Ya verás", le decían sus hermanos que ya estaban nadando en el lago. "No tengas miedo". Dani se armó de valor y con mucho cuidado puso su primera patita dentro del agua y luego, con mucho esfuerzo, la segunda y luego, la primera otra vez, hasta que notó cómo el agua rozaba su cuerpo.

Y entonces se dejó caer.
Y sintió cómo el agua del lago lo sostenía. Y cómo sus patitas eran mucho más ligeras y flexibles en el agua que en la tierra. Así que comenzó a moverlas. Cada vez más rápido. ¡Estaba nadando! Le resultó increíble lo fácil que era.

Y vio como adelantaba a sus hermanos sin problema y se ponía a la cabeza junto a su mamá. No recordaba haber estado tan feliz. Sobre todo, cuando sus hermanos empezaron a aplaudirle y a gritarle: "¡Bravo, Dani! ¡Eres el más rápido de nosotros!".

No se imaginó nunca que el esfuerzo que hacía en tierra para caminar había hecho que sus patitas se volvieran más fuertes que las de sus hermanos.

Y desde ese día, Dani siguió a sus hermanos en tierra con una gran sonrisa en su cara porque sabía que, en el agua, ellos lo iban a seguir a él, al de las "paticas chuecas", al más pequeño de la familia.

Y colorado, colorín, este cuento llegó a su fin.

© Francisco José Aguilar Parrilla (de la obra)
©Apuleyo Ediciones (de esta edición)
Primera edición en Apuleyo Ediciones: Diciembre 2024
Diseño de cubierta: Alejandro Rosas
Corrección: Aitor Andreu Guerrero
Maquetación: Alejandro Rosas
Ilustraciones: M. Yazmina Cabrera Ferrera
Coordinación editorial: Isidoro Cidre González
info@apuleyoediciones.com
www.apuleyoediciones.com
ISBN: 978-84-1060-344-8
Depósito legal: H 404-2024

Hecho e impreso en España.

APULEYO EDICIONES   FOMENTO DE VALORES   CUENTOS ILUSTRADOS

Francisco José Aguilar Parrilla

APULEYO EDICIONES   FOMENTO DE VALORES   CUENTOS ILUSTRADOS